세상을 밝히는 보석

금 강 경

송강 스님

_한산 화엄(寒山華嚴)선사를 은사로 득도
_화엄, 향곡, 성철, 경봉, 해산, 탄허, 석암 큰스님들로부터
선(禪), 교(敎), 율(律)을 지도 받으며 수행
_중앙승가대학교에서 5년에 걸쳐 팔만대장경을 일람(一覽)
_BBS 불교라디오방송 '자비의 전화' 진행
_BTN 불교TV방송 '송강 스님의 기초교리 강좌' 진행
_불교신문 '송강 스님의 백문백답' 연재
_불교신문 '송강 스님의 마음으로 보기' 연재
_불교신문 '다시보는 금강경' 연재
_불교신문 '벽암록 맛보기' 연재
_서울 강서구 개화산(開花山) 개화사(開華寺) 창건

_저서
『금강반야바라밀경』시리즈,『다시 보는 금강경』
『나의 사랑 나의 스승 한산 화엄』
『송강 스님의 백문백답』
『초발심자경문』
『경허선사 깨달음의 노래(悟道歌)』
『삼조 승찬 대사 신심명(信心銘)』
『송강 스님이 완전히 새롭게 쓴 부처님의 생애』
『송강 스님의 인도 성지순례』
『송강 스님의 미얀마 성지순례』
『송강 스님의 발칸 동유럽 문화탐방기』
『마음으로 보기』
『말 침묵 그리고 마음』
『벽암록 맛보기』
『관음경』

금강경 수지 독송본을 펴내며_

 금강경은 한국 불교의 중심 경전이라고 할 수 있습니다. 그래서 불교를 어느 정도 공부했다고 하면 대부분 금강경을 봤을 것입니다. 금강경 우리말 번역본은 여러 종류 나와 있습니다. 그러나 우리말 번역만으로는 아쉬운 점이 있기에, 한역문과 우리말 번역을 분석적으로 대조한 수지 독송본을 만들어 봤습니다.

 번역을 하면서 범본 및 한역본 5종을 대조하여 의역을 한 곳이 있으며 *구마라집 역본에서만 달리 된 부분은 전체 흐름에 따라 바로잡은 곳도 있음을 밝혀 둡니다. 아무쪼록 늘 곁에 두고 살피어 여래의 땅에 이르는 데 하나의 디딤돌이 되었으면 합니다.

 이 책이 나오기까지는 해인승가대학에 수학 중인 재천 스님의 역할이 컸음을 밝혀 둡니다.

불기 2553년(2009년) 부처님 오신 계절에
개화산에서 송강 합장

금강경 재판(再版)에 붙여_

초판본은 승가대학에 재학하는 스님들의 요청에 의해 출판이 되었기에 승가대학의 교재인 '금강경오가해(金剛經五家解)'의 경문을 저본(底本)으로 하였으며, 번역도 전통적인 방식을 따랐습니다. 그러나 둘째 판에서는 일반 대중을 위한 것으로 방향을 바꾸었기 때문에 고려대장경에 실린 구마라집 역본(鳩摩羅什譯本)을 저본으로 하면서 우리말 옮김도 범본(梵本)에 가깝게 하였습니다.

30여 년 전 승가대학 재학 시절에 금강경을 연구하면서 범어학자와 범본 금강경을 분석하고 한역본(漢譯本) 여섯 가지를 대조하는 작업을 하였는데, 그때의 노트를 중심으로 다시 가다듬었습니다.

범본이나 한역본들은 서로 완벽하게 일치하지는 않습니다. 따라서 전체 흐름에 문제가 있는 곳일 경우, 불가피

하다고 판단되는 경우에는 범본 및 다른 역본에 의거하여 부분적으로 수정하였습니다. 구마라집 스님이 번역한 지가 1,600여 년이 지나고 있기에, 그동안 필사(筆寫)로 전해지는 과정에서 후학들의 실수도 있을 것이라고 생각되기 때문입니다. 따라서 고려대장경의 구마라집 역본에서 빼거나 넣은 곳이 있으며, 문장을 재배열한 곳도 있습니다.

  언어란 완벽한 것이 아니기에 오해의 소지가 매우 많습니다. 아무쪼록 부족한 번역문에 연연치 마시고 부처님의 마음을 읽으시기 바랍니다.

比丘 松江 合掌

일러두기_

- 불법을 처음 공부하는 분들이나 한문 공부를 하고자 하는 분들이 쉽게 공부할 수 있도록 엮었습니다.
- 한문 해석상 다음 단락으로 넘어가는 부분이 있으니 참고하시기 바랍니다.
- 금강경 원문 번역은 아니나 원문을 이해하는 데 도움이 되는 말들은 ( ) 표시를 하였습니다.
- 阿耨多羅三藐三菩提(anuttarā samyaksaṃbodhi)는 '아누다라삼먁삼보리'로 읽기로 하고, '위없이 높고 바르며 원만한 깨달음'으로 풀이했습니다. '아누다라삼먁삼보리'는 전통적인 읽기와 약간 다르고 또 범어와 일치하지는 않지만, 대한불교조계종 교육원에서 2009년에 편찬한 '표준 금강경'의 결정을 따르기로 하였습니다. anuttarā samyaksaṃbodhi는 범어의 뜻을 살펴보면 '위없이 높고 바르며 완전한 깨달음'이라는 뜻

이 되는데, '완전한' 을 좀더 불교적인 '원만한' 으로 하였습니다.

구마라집 역본에는 阿耨多羅三藐三菩提가 29회 사용되었는데, 이 용어에 해당하는 범어를 살펴보면, anuttarā samyaksaṃbodhi가 16회, bodhisattva-yāna가 8회, abhisaṃbuddha가 2회, 그리고 bodhi와 buddha-bodhi가 각 1회씩 사용되었습니다.

나머지 한역 5본에서 사용된 단어는 다음과 같습니다.

· 菩提流支 역본 :
  阿耨多羅三藐三菩提(30회)
· 眞諦 역본 :
  阿耨多羅三藐三菩提(24회) · 菩薩乘(3회) · 無上菩提(3회)

· 達摩笈多 역본 :
    菩薩乘(8회) · 無上正遍知(17회) · 覺(2회) · 菩提(1회) · 佛菩提(1회)
  · 玄奘 역본 :
    阿耨多羅三藐三菩提(10회) · 菩薩乘(8회) · 法(2회) · 無上正等菩提(8회)
  · 義淨 역본 :
    菩薩乘(8회) · 無上菩提(3회) · 無上等覺(4회) · 大菩提(1회) · 菩提(1회) · 無上正覺(1회) · 無上正等菩提(2회) · 正覺(1회) · 法(1회)
- 한역 6본의 소재는 다음 대장경에서 확인할 수 있습니다.
  · 구마라집(鳩摩羅什; Kumārajīva) 스님 역 :
    金剛般若波羅蜜經
    영인본 고려대장경 제5권 975쪽~984쪽

- 보리류지(菩提流支; Bodhiruci) 스님 역 :
    金剛般若波羅蜜經
    영인본 고려대장경 제5권 985쪽~991쪽
- 진제(眞諦; Paramārtha) 스님 역 :
    金剛般若波羅蜜經
    영인본 고려대장경 제5권 993쪽~999쪽
- 달마급다(達摩笈多; Dharmagupta) 스님 역 :
    金剛般若波羅蜜經
    일본 대정신수대장경 제8권 766쪽~771쪽
    중국 적사대장경 제5권 373쪽~377쪽
- 현장(玄奘) 스님 역 : 能斷金剛般若波羅蜜經
    영인본 고려대장경 제5권 1001쪽~1009쪽
- 의정(義淨) 스님 역 : 佛說能斷金剛般若波羅蜜經
    영인본 고려대장경 제5권 1011~1016쪽

* 각주에서는 라집역, 류지역, 진체역, 급다역, 현장역, 의정역으로 표기합니다.

목차

1. 법회인유분 제일　法會因由分 第一 ····· 18
   법회가 이루어지는 인연.

2. 선현기청분 제이　善現起請分 第二 ····· 21
   수보리존자가 가르침을 청함.

3. 대승정종분 제삼　大乘正宗分 第三 ····· 26
   대승의 가장 중요한 가르침.

4. 묘행무주분 제사　妙行無住分 第四 ····· 31
   뛰어난 수행에는 집착이 없다.

5. 여리실견분 제오　如理實見分 第五 ····· 35
   가르침대로 참답게 보라.

6. 정신희유분 제육　正信希有分 第六 ····· 38
   바른 믿음은 고귀하다.

7. 무득무설분 제칠　無得無說分 第七 ····· 43
   얻을 수도 설명할 수도 없다.

8. 의법출생분 제팔　依法出生分 第八 ····· 46
   가르침을 따르면 깨닫는다.

9 　일상무상분 제구　一相無相分 第九 ·············· 50
　　깨달음에는 자취가 없다.

10 　장엄정토분 제십　莊嚴淨土分 第十 ·············· 57
　　불국토 건설은 건설이 아니다.

11 　무위복승분 제십일　無爲福勝分 第十一 ·············· 61
　　깨닫는 것이 으뜸가는 복이다.

12 　존중정교분 제십이　尊重正教分 第十二 ·············· 64
　　바른 가르침은 존중된다.

13 　여법수지분 제십삼　如法受持分 第十三 ·············· 66
　　가르친 그대로 받아들여 수행하라.

14 　이상적멸분 제십사　離相寂滅分 第十四 ·············· 71
　　관념을 초월하면 평화롭다.

15 　지경공덕분 제십오　持經功德分 第十五 ·············· 81
　　경을 지니는 공덕.

16 　능정업장분 제십육　能淨業障分 第十六 ·············· 86
　　업으로 인한 장애를 맑히는 법.

17 구경무아분 제십칠 究竟無我分 第十七 ········· 91
    끝끝내 '나'라고 할 것이 없다.

18 일체동관분 제십팔 一體同觀分 第十八 ········· 101
    하나의 몸, 같은 지혜.

19 법계통화분 제십구 法界通化分 第十九 ········· 106
    법계를 모두 교화하는 법.

20 이색이상분 제이십 離色離相分 第二十 ········· 108
    육신과 상호만으로는 여래를 볼 수 없다.

21 비설소설분 제이십일 非說所說分 第二十一 ········· 111
    설한 것은 설함이 아니다.

22 무법가득분 제이십이 無法可得分 第二十二 ········· 114
    얻을 수 있는 진리가 없다.

23 정심행선분 제이십삼 淨心行善分 第二十三 ········· 117
    맑은 마음으로 좋은 법을 실천하라.

24 복지무비분 제이십사 福智無比分 第二十四 ········· 119
    복과 지혜는 견줄 수 없는 것.

25 **화무소화분 제이십오** 化無所化分 第二十五 ·········· 121
   교화하되 교화된 중생이 없다.

26 **법신비상분 제이십육** 法身非相分 第二十六 ·········· 124
   여래의 참모습은 상호가 아니다.

27 **무단무멸분 제이십칠** 無斷無滅分 第二十七 ·········· 128
   끊어짐도 없고 멸함도 없다.

28 **불수불탐분 제이십팔** 不受不貪分 第二十八 ·········· 131
   받지도 않고 탐착하지도 않는다.

29 **위의적정분 제이십구** 威儀寂靜分 第二十九 ·········· 134
   부처님의 모습은 고요하고 평화롭다.

30 **일합이상분 제삼십** 一合理相分 第三十 ·········· 136
   실체는 관념들의 집합이 아니다.

31 **지견불생분 제삼십일** 知見不生分 第三十一 ·········· 139
   지견을 내지 않아야 한다.

32 **응화비진분 제삼십이** 應化非眞分 第三十二 ·········· 142
   조건 따라 보인 것은 참된 것이 아니다.

開經偈　　　　　개경게

無上甚深微妙法　무상심심미묘법
百千萬劫難遭遇　백천만겁난조우
我今聞見得受持　아금문견득수지
願解如來眞實義　원해여래진실의

경전을 찬탄하는 게송

가장 높고 깊으며 미묘한 가르침
백천만겁 지나도록 만나기 어려워라
제가 이제 듣고 보아 지니게 되었으니
부처님의 참된 뜻을 밝게 깨쳐 알아지다.

開法藏 眞言　　　개법장 진언
옴 아라남 아라다 (세 번)

金 剛 般 若 波 羅 蜜 經
금강반야바라밀경

구마라집 한역

송강 편역

도서출판 **도반**

금강반야바라밀경[金剛般若波羅蜜經] 원 제목은 Vajracchedikā Prajñāpāramitā Sūtra이다. Vajra는 금강석(金剛石) 또는 다이아몬드를 뜻하며, cchedikā는 '잘 자르다'라는 뜻이다. Prajñā는 초월적 지혜인 반야(般若)이며, pāramitā는 '완성(完成)'의 뜻으로 열반의 세계에 이르는 것을 가리킨다. Sūtra는 '지름길'이며 '바른길'인데, 부처님의 가르침은 진리에 이르는 지름길이 되고 해탈·열반에 나아가는 바른길이라는 뜻이다. 이것을 중국식으로 옮길 때 《금강반야바라밀경》 또는 cchedikā(잘 자르다)의 뜻을 살려서 《능단금강반야바라밀경》, 《금강능단반야바라밀경》이라 번역하였다. 그러나 금강(金剛) 그 자체에 잘 자르는 성질이 포함되어 있기 때문에 '능단(能斷-잘 자른다)'을 빼고 《금강반야바라밀경》이라고 해도 뜻에는 변함이 없다.

금강[金剛, vajra] 금강은 다이아몬드이다. 이 다이아몬드는 '반야'를 설명하는 것인데 반야가 불성(부처 성품)에서 비롯되므로 불성을 가리키는 말도 된다.

반야[般若, prajñā] 반야는 초월적 지혜이다. 지식과 경험의 한계성을 뛰어넘는 지혜이다. 어스름한 빛은 이상한 그림자를 만들고, 그림자는 다시 온갖 공상을 일으키게 되며, 이 공상은 두려움을 일으키고, 이 두려움은 갖가지 문제와 괴로움을 만들게 된다. 이러한 것이 우리의 지식과 경험의 한계이다. 그러나 한낮이 되면 모든 것이 그 실체가 확실하게 드러나게 되므로, 부질없는 공상과 두려움이 일어나지 않게 된다.
이 태양의 광명과 같은 것이 참된 지혜인 반야이다. 맑은 거울에 모든 것이 그대로 비치듯 물들지 않는 마음에서 솟아나는 지혜이며, 영원히 죽지 않는 생명의 빛이며, 온갖 집착을 떨쳐 버린 영혼의 빛이 곧 반야이다.

바라밀[波羅蜜, pāramitā] 괴롭고 고통스런 이 언덕에서 절대 자유이며 영원히 평화로운 세계인 저 언덕으로 건너간다는 뜻으로 '도피안(到彼岸)'이라고 번역하는데, '완성(完成)'을 뜻하기도 한다.

경[經, sūtra] 경은 부처님의 말씀을 기록한 것이다. 부처님은 행복에 이르는 길을 중생들에게 제시하셨고, 그 길은 바르고 정확하며 최상이다. 그러므로 경에 의지하면 반드시 행복의 세계에 이른다. 그것을 깨달음의 세계라 한다.

법회인유분 제일
法會因由分 第一
제 1. 법회가 이루어지는 인연.

如是我聞 一時 佛¹⁾ 在舍衛國 祇樹給孤
여시아문 일시 불 재사위국기수급고

이와 같이如是 나는我 들었다聞. 한때一時 부처님께서佛 사위성의舍衛國 기수급고독원에서祇樹給孤獨園

獨園 與大比丘衆 千二百五十人俱 爾時
독원 여대비구중 천이백오십인구 이시

훌륭한大 비구 스님들比丘衆 천이백오십인千二百五十人과與 함께俱 계셨다在. 이때爾時

世尊 食時 着衣持鉢 入舍衛大城 乞食
세존 식시 착의지발 입사위대성 걸식

세존께서는世尊 공양 때가 되어食時 가사를衣 입으시고着 발우를鉢 드시고持 사위대성에舍衛大城 들어가시어入 밥을食 비시는데乞,

18

於其城中　次第乞已　還至本處　飯食訖
어기성중 차제걸이 환지본처 반사흘

그 성안에서於其城中 차례로次第 밥을 비신 후乞已, 본래 계시던 곳으로本處 돌아오시어還至 공양을 드신 후飯食訖

收衣鉢　洗足已　敷座而坐³⁾
수의발 세족이 부좌이좌

가사와衣 발우를鉢 거두시고收, 발을足 씻으신洗 다음已 자리를座 펴고敷 앉으셨다而坐.

불[佛] 불타(佛陀 : Buddha)의 줄인 말이니, 각자(覺者) 곧 깨달은 분이다. 부처님은 인간의 몸으로 이 우주의 진리를 깨달으셔서 이 우주의 주인이 되신 분이다.

세존[世尊 : Bhagavān] 부처님 열 가지 존칭 중의 하나. 세상에서 가장 존귀하신 분(世尊)이라는 뜻이다.

사위국[舍衛國] 부처님 당시 인도 중부에 있던 Kosala 국의 수도인 Śrāvastī로 엄격히 하자면 사위성(舍衛城)이라 해야 한다.

기수[祇樹] 「기타(祇陀) 태자의 숲」이라는 뜻으로 Jetavana의 번역이다. 태자의 본명은 Jetr였는데, 흔히 Jeta라고도 하며 이것을 한자로 옮긴 것이 '기타(祇陀)'이다.

급고독원[給孤獨園] 「급고독 장자가 지은 절」이라 번역하면 좋을 것이다. 〈급고독(給孤獨)〉은 Anāthapiṇḍika의 번역으로 「외로운 사람들에게 베풀어 주는 어른」이라는 뜻인데, Śrāvastī 성의 거부(巨富) Sudatta의 별명이다. 〈원(園)〉은 ārāma의 번역으로 부처님 당시의 사찰을 가리킨다.

기원정사[祇園精舍] 「기타 태자(Jetr)의 숲에 급고독 장자(Sudatta)가 지은 절」이라는 뜻으로 기수급고독원(祇樹給孤獨園)이라 하였고, 이것을 훗날에는 기원정사(祇園精舍)라고 하였다.

비구[比丘] bhikṣu의 소리옮김으로 20세 이상의 출가자가 수계한 경우를 가리킨다(남자 250계 수계자).

발우[鉢盂] 인도말 patra에서 온 말로 수행자의 식기를 가리키는 말이다.

걸식[乞食] 밥을 빌어먹음 ; 밥을 빌어먹는 데는 세 가지 뜻이 있다. ① 내가 잘났다는 생각을 놓는 것을 중생에게 가르쳐 주심이요, ② 중생들에게 복을 지을 수 있는 기회를 주는 것이며, ③ 중생들이 부처님을 뵙고 진리에 접할 수 있는 기회를 마련해 주시는 것이다.

사[食] 먹을 사 ; 식사를 하다.

[1] **불[佛]** 범본에는 Bhagavān이니 세존(世尊)으로 번역해야 하나 같은 존호이므로 부처님으로 옮긴다.

[2] **사위국[舍衛國 : Śrāvastī]** Kosala국의 수도이니, 사위성으로 옮기는 것이 정확하다.

[3] **부좌이좌[敷座而坐]** 범본 및 다른 역본을 보면 '결가부좌로 앉으시어 몸을 곧게 하시고 앞을 향해 바른 집중[正念]의 경지에 머무셨다' 로 되어 있으나, 라집역에는 '자리를 펴고 앉으셨다' 로 끝내고 있다.

선현기청분 제이
善現起請分 第二
제 2. 수보리존자가 가르침을 청함.

時 長老須菩提 在大衆中 卽從座起
시 장로수보리 재대중중 즉종좌기

그때에時 장로長老 수보리가須菩提 대중大衆 가운데中 있다가在 곧卽 자리에서從座 일어나起

偏袒右肩 右膝着地 合掌恭敬 而白佛言
편단우견 우슬착지 합장공경 이백불언

오른쪽 어깨를右肩 드러내고偏袒 오른쪽 무릎을右膝 땅에 꿇고着地, 합장하여合掌 공경하는 자세로恭敬 부처님께 사뢰어 말씀드렸다而白佛言.

希有[1]世尊 如來 善護念[2]諸菩薩 善付囑[3]諸
희유세존 여래 선호념제보살 선부촉제

놀라운 일입니다希有. 세존이시여世尊. 여래께서는如來 모든諸 보살을菩薩 잘 살펴 주옵시고善護念, 모든 보살에게諸菩薩 가르침을 잘 전수해 주십니다善付囑.

菩薩　世尊　　善男子善女人[4]　發阿耨多羅
보살 세존 선남자선여인 발아누다라

세존이시여世尊! 자질이 뛰어난 남자나善男子 자질이 뛰어난 여인이善女人

三藐三菩提心[5]　應云何住　　云何修行[6]
삼먁삼보리심 응운하주 운하수행

가장 높고 바르며 원만한 깨달음을阿耨多羅三藐三菩提 얻고자 하는 마음을心 내었다면發 어떻게 발심해야 하며應云何住 어떻게 수행해야 하고云何修行

云何降伏其心　佛言　善哉善哉　須菩提
운하항복기심 불언 선재선재 수보리

어떻게 그 마음을 항복받아야 하겠습니까?云何降伏其心 부처님께서 말씀하셨다佛言. 훌륭하고 훌륭하도다善哉善哉, 수보리여須菩提,

如汝所說　如來　善護念諸菩薩　善付囑
여여소설 여래 선호념제보살 선부촉

그대가汝 말한 것과所說 같아서如 여래는如來 모든 보살을諸菩薩 잘 살펴 주고善護念, 모든 보살에게諸菩薩 가르침을 잘 전해 주느니라善付囑.

諸菩薩　汝今諦聽[7]　當爲汝說　善男子
제보살 여금제청 당위여설 선남자

그대는汝 이제今 잘 듣도록 하라諦聽. 당연히當 그대를汝 위해爲 설명하겠노라說. 자질이 뛰어난 남자나善男子